FÊTE

DE

l'Apparition de saint Michel

CÉLÉBRÉE A PARIS

DANS L'ÉGLISE SAINT-MICHEL DES BATIGNOLLES

DISCOURS

PRONONCÉ LE DIMANCHE 8 MAI 1898

PAR

M. l'abbé A. PETITDEMANGE

Missionnaire diocésain.

PARIS

L. ERSCH, IMPRIMEUR

4bis, AVENUE DE CHATILLON, 4bis

—

1898

FÊTE

DE

L'Apparition
de saint Michel

CÉLÉBRÉE A PARIS

DANS L'ÉGLISE SAINT-MICHEL DES BATIGNOLLES

DISCOURS

PRONONCÉ LE DIMANCHE 8 MAI 1898

PAR

M. l'abbé A. PETITDEMANGE

Missionnaire diocésain.

PARIS

J. MERSCH, IMPRIMEUR

4bis, AVENUE DE CHATILLON, 4bis

—

1898

In tempore illo, consurget Michael,
princeps magnus, qui stat pro filiis po-
puli tui.

En ce temps-là, se lèvera saint Michel,
grand prince de la milice céleste, qui protège les enfants de votre peuple.

(Dan., ch. xii, v. 1.)

Éminence (1),

Mes bien chers Frères,

« Quand Judas Machabée et ceux qui étaient avec lui, lisons-
« nous dans la sainte Écriture, apprirent que Lysias attaquait la
« forteresse de Bethsura, avec tout le peuple ils conjurèrent le Sei-
« gneur, par leurs gémissements et leurs larmes, d'envoyer un bon
« ange pour le salut d'Israël.

« Machabée lui-même, prenant le premier les armes, exhorte
« les autres à s'exposer comme lui au péril pour secourir leurs
« frères.

« Comme ils marchaient ensemble avec un mâle courage, voici
« qu'au sortir de Jérusalem un cavalier apparaît devant eux. Vêtu
« d'une robe éclatante de blancheur, il portait des armes d'or et
« brandissait sa lance.

« Tous alors bénissent le Seigneur plein de miséricorde ; ani-
« més d'une grande ardeur, ils sont prêts à combattre, non seule-
« ment les hommes mais les bêtes les plus farouches, et à passer
« au travers des murailles de fer.

1. S. Ém. le Cardinal Richard, archevêque de Paris.

« Ils marchent avec promptitude, comptant sur le secours du
« ciel et sur la miséricorde divine.

« Comme des lions, ils s'élancent sur leurs ennemis et rempor-
« tent une éclatante victoire... (1). »

D'après les interprètes de l'Écriture, c'est l'archange saint
Michel qu'il faut reconnaître dans ce guerrier céleste, apparaissant
à l'armée d'Israël. C'est lui aussi dont je veux, dans cet entretien,
évoquer le souvenir. Si, comme j'en ai l'espoir, mes bien chers
Frères, s'accroît votre dévotion envers lui, vous combattrez désormais avec plus de vaillance les bons combats du Seigneur, vous
mettrez en fuite les ennemis de votre salut, vous volerez avec
ardeur à la conquête de la Jérusalem céleste.

Quel protecteur plus puissant pourriez-vous invoquer? *Consurget Michael.* Saint Michel s'est levé, à l'origine du monde, pour
soutenir l'honneur de Dieu et triompher des mauvais anges. Il s'est
levé maintes fois — l'histoire en témoigne — pour défendre l'Église
de Jésus-Christ. Il s'est levé et se lèvera encore pour protéger la
France, notre chère patrie !

Saint Michel, *vainqueur de Satan, patron de l'Église, protecteur de la France,* telles sont les pensées qui vont faire tout l'objet
et le partage de cet entretien.

Avant d'aborder ce sujet, il me faut remplir un devoir de cœur
et remercier, mes Frères, en votre nom le pieux Archevêque qui,
s'arrachant aux constantes sollicitudes de sa charge pastorale, vient
aujourd'hui se reposer quelques instants dans le sanctuaire dédié
à saint Michel.

Éminence, je salue, en votre personne vénérée, *l'Ange de
l'Église de Paris.* C'est saint Jean dont j'ose emprunter le langage :
*Voici ce que dit le Fils de Dieu : Je sais quelles sont vos œuvres ;
je connais votre foi, votre charité, votre amour des pauvres, votre
patience et vos dernières œuvres qui surpassent les premières* (2).
A cet éloge que le divin Maître fait de son fidèle serviteur, l'évêque
de Thyatire, j'ajoute celui que m'inspirent les paroles de mon texte :
« *Consurget princeps magnus...* (3). Au cœur de la France, s'est
levé un *prince* de l'Église, *grand* par le cœur et par les vertus, *qui*

1. II Mac., xi, 6 et seq.
2. Apoc., ii, 18 et 19.
3. Dan., xii, 1.

stat pro filiis populi tui... qui, d'une fermeté inébranlable et d'une inaltérable douceur, soutient les enfants du peuple de Dieu. »

Daigne la très sainte Vierge Marie, la reine des Anges, bénir ma parole et la faire pénétrer dans les âmes !

I

Saint Michel est le vainqueur de Satan.

Les anges, nous enseigne la théologie, furent créés en même temps que le ciel et la terre, à cette époque que l'Écriture appelle le *commencement : In principio creavit cælum et terram* (1). Créés par Dieu dans la grâce, ils ne furent pas immédiatement établis dans la gloire. La Sagesse divine ne voulut point leur donner la jouissance de l'éternelle béatitude avant qu'ils ne l'eussent librement méritée. Ils durent, pour la conquérir, faire un acte d'humilité et de soumission, en reconnaissant Dieu pour leur Créateur et leur souverain Maître.

Suivant la pensée des plus grands docteurs et particulièrement des théologiens de l'école de Scott, Dieu leur révèle l'Incarnation de son Verbe ; Il leur commande d'adorer, dans le Dieu fait homme, leur inférieur devenu leur Maître, de le regarder comme leur Roi et de lui rendre l'hommage dû à leur Seigneur.

Le premier des anges, le plus beau et le plus brillant de tous, celui qui reflète, d'une manière plus admirable, les perfections divines, celui qui porte la lumière de Dieu, *Lucifer* ne peut accepter cet honneur fait à une créature moins parfaite ; il voit avec jalousie la nature humaine préférée à sa nature angélique ; il refuse de s'incliner devant l'Homme-Dieu, et de le reconnaître pour son Roi.

Il jette, à la face du ciel, cet orgueilleux défi : « *Non serviam ! Je ne servirai pas !* (2) Je n'adorerai pas le Verbe incarné ! » Et le tiers des bataillons célestes répète ce cri de révolte et résiste au Seigneur. *La queue du dragon*, dit saint Jean, *entraîna la troisième partie des étoiles* (3).

En face de ces esprits révoltés, surgit tout à coup le chef des

1. Gen., I, 1.
2. Jer., II, 20.
3. Apoc., XII, 4.

bons anges : *Consurget Michael, princeps magnus* (1). L'archange saint Michel, resté fidèle à Dieu, salue, dans le Verbe fait chair, son Créateur et son Roi. Il reconnaît qu'il a tout reçu de Lui; il L'adore avec une foi ardente et une humilité profonde. Les autres anges imitent sa fidélité et se joignent à lui pour combattre Lucifer et ses adhérents.

Afin d'exciter leur zèle, l'Archange pousse un grand cri dans les cieux. Il répond à l'insolent défi de Lucifer. *Quis ut Deus?* s'écrie-t-il, *qui est semblable à Dieu?* Et, dans sa pensée, il veut glorifier les trois personnes divines. Qui est semblable à Dieu le Père en puissance, à Dieu le Fils en sagesse, à Dieu le Saint-Esprit en amour? Qui est semblable à ce Dieu de bonté qui s'incarnera pour le salut des hommes? *Quis ut Deus?*

« Alors, lisons-nous dans l'Apocalypse, un grand combat se livre dans le ciel; Michel et ses anges combattent contre le dragon, et le dragon combat avec ses anges. Ceux-ci sont défaits, et, depuis, leur place n'est plus dans le ciel (2). » Vaincue par les bons anges, la troupe rebelle tombe, rapide comme l'éclair, et roule « dans le puits de l'abîme (3) ».

Cette lutte, commencée aux premières heures du monde dans les célestes régions, se continue sur la terre à travers les siècles; elle ne cessera qu'à la fin des temps. *L'orgueil de ceux qui haïssent Dieu va toujours croissant* (4), dit le prophète David. Satan, à jamais chassé du ciel, n'en aspire pas moins à s'égaler au Seigneur. Ne pouvant Lui être semblable en gloire et en béatitude, il veut se faire servir et adorer par les hommes. Il cherche à les éloigner de Dieu; il les tente sans cesse; il les séduit de toutes manières; il charme leurs sens; il excite en eux les mouvements des passions; il n'épargne rien pour les attirer dans ses pièges, pour leur faire abandonner le parti du Seigneur. *L'antique serpent*, dit saint Jean, *séduit tout le monde, serpens antiquus... seducit universum orbem* (5).

Le cri de révolte, jeté par Lucifer à la face du Très-Haut, retentit hélas! encore de nos jours! *Non serviam! Je ne servirai pas!*

1. Dan., xii, 1.
2. Apoc., xii, 7.
3. *Ibid.*, ix, 2.
4. Ps. lxxiii, 23.
5. Apoc., xii, 9.

C'est le cri de tous les pécheurs! *Non serviam!* répètent ces chrétiens indifférents qui vivent sans prières, sans messe le dimanche, sans pâques, sans pratiques religieuses! *Non serviam!* redisent ces mondains qui placent leurs viles jouissances avant la volonté de Dieu, leur plaisir avant son honneur, leur satisfaction avant sa gloire! *Non serviam!* c'est le cri de l'orgueilleux qui ne veut pas soumettre son esprit aux enseignements de la foi; c'est le cri de celui dont l'or est l'unique divinité, dont le caprice fait la seule loi, dont l'intérêt personnel est la seule règle de conduite! *Non serviam!* c'est le cri de ceux qui ne veulent ni Dieu, ni maître! c'est le cri des impies, des sectaires et des persécuteurs. *Non serviam!* Plus de Dieu, dans l'école, dans l'hôpital, dans le sanctuaire même de la justice! Plus de Dieu, dans la législation, dans la famille, dans la société! *Non serviam!* c'est le cri de ralliement, proféré par l'immense armée du mal!

Quel sera donc celui de l'armée du bien?

Ah! mes Frères, spontanément il jaillit, en ce moment, de vos âmes! C'est le cri même de l'archange saint Michel : *Quis ut Deus? Qui est semblable à Dieu?* Comme autrefois dans les régions du ciel, la bataille est ici-bas engagée. D'un côté, la vérité, le droit, la justice; de l'autre, le mensonge, la ruse, la duplicité! Les puissances infernales s'élancent à l'assaut de Dieu qui, par sa grâce, habite dans les âmes! Nombreux sont les ennemis de notre salut; furieuses et incessantes, leurs attaques! Au dehors, Satan nous dresse des embûches; le monde fait miroiter à nos yeux ses mille séductions; la concupiscence, comme un traître dans la place, s'apprête à livrer aux assiégeants les clefs de notre cœur.

Pour triompher de leurs perfides efforts, servons-nous, mes Frères, des armes qu'a lui-même employées saint Michel : l'humilité et l'amour (1). Répétons avec confiance son cri de guerre et de victoire : *Quis ut Deus? Qui est semblable à Dieu?*

Est-ce le démon qui, en nous offrant d'éphémères jouissances, veut nous préparer d'éternels tourments? Est-ce le monde avec sa trompeuse félicité, avec ses plaisirs qui ne laissent après eux que dégoût, regrets et amertume? Est-ce la nature avec ses terrestres satisfactions et ses méprisables convoitises?

---

1. Superbiam humilitate superavit; invidiam dilectione triumphavit.

Non, mille fois non! Vive Dieu, et arrière le péché! Arrière le plaisir et les séductions mondaines! Non, Seigneur, rien n'est semblable à Vous! Vous êtes le Bien souverain, la Bonté, la Vérité, la Beauté par essence! Vous êtes la Lumière, la Force, la Consolation, la vraie Béatitude, et rien, mon Dieu, rien au monde ne nous séparera de Vous! *Quis ergo nos separabit a caritate Christi?* (1) Rien, Seigneur, ne nous forcera à Vous quitter, et il n'est rien que nous ne soyons disposés à quitter pour Vous!

Tels sont les sentiments que nous inspire le cri guerrier de saint Michel: *Quis ut Deus?* Rien, pour nous, n'est semblable à Dieu! Gloire à Lui, partout et toujours!!

II

Vainqueur de Satan, l'archange saint Michel a été choisi comme Patron de la sainte Église!

Il s'est plu d'ailleurs à manifester combien ce titre lui agréait, en apparaissant aux hommes en plusieurs contrées. C'est l'une de ces apparitions dont nous faisons aujourd'hui la mémoire.

Elle eut lieu, *le 8 mai 492*, sous le pontificat du pape Gélase Ier. En Apulie, au pied du mont Gargan, aujourd'hui mont Saint-Ange, paissaient, çà et là, les troupeaux d'un riche habitant de Siponte. Cédant aux douces influences d'un soleil de printemps, l'un des pâtres s'endort à l'ombre d'un olivier. A son réveil, il remarque l'absence d'un de ses taureaux. On le recherche inutilement dans la montagne. Ce n'est qu'après plusieurs jours qu'on le retrouve à l'entrée d'une caverne. Il reste là, immobile, comme si une main invisible le retenait par les cornes et l'empêchait d'avancer.

A cette vue, les pâtres n'osent approcher; l'un d'eux bande son arc et décoche une flèche à l'animal. Le trait revient sur celui qui l'a lancé et lui fait une légère blessure. Saisis d'étonnement et de frayeur, ces pauvres gens courent à leur maître et lui font le récit de ces singuliers événements. Celui-ci va consulter l'évêque de Siponte.

Le prélat ordonne à ses fidèles de jeûner et de prier durant trois

_____
1. Rom., VIII, 35.

jours. Ce temps écoulé, l'archange saint Michel lui apparaît et déclare que la caverne où s'est retiré le taureau est sous sa protection : « Dieu veut, ajoute-t-il, qu'elle soit dédiée, sous le vocable de saint Michel, en l'honneur de tous les anges. »

Sur cet avis du ciel, l'évêque, accompagné de son clergé et du peuple, va la reconnaître et la trouve disposée en forme d'église. On y commence la célébration des saints offices. Plus tard, on éleva, auprès de la caverne, un temple magnifique où Dieu voulut, par de nombreux miracles, confirmer la vérité de l'apparition.

Combien de faits, historiquement prouvés, attestent ainsi l'action tutélaire de saint Michel sur l'Église! C'est lui qui délivre saint Pierre enfermé dans les prisons d'Hérode et le rend à l'affection des fidèles en larmes; c'est lui qui éclaire et fortifie saint Clément; lui qui, sous le pontificat de saint Léon le Grand, apparaît à Attila dont les soldats menacent Rome et met en fuite celui qui se nomme « le fléau de Dieu ».

Vers l'an *596*, une peste horrible ravage la cité romaine. Saint Grégoire le Grand invite tout le peuple à la pénitence. Une procession générale est indiquée pour le matin de Pâques. Le pontife se rend à l'*Ara Cœli;* il prend entre ses mains l'image de Marie peinte par saint Luc, et toute la procession se dirige vers la basilique de Saint-Pierre.

En passant près du môle d'Adrien, on entend tout à coup dans les airs des voix célestes qui chantent : *Regina cœli, lætare, Alleluia! — Quia quem meruisti portare, Alleluia! — Resurrexit sicut dixit, Alleluia!* Étonné, le pontife répond avec tout le peuple : *Ora pro nobis Deum, Alleluia!* En même temps, apparaît dans les cieux un ange étincelant de lumière, qui remet une épée dans le fourreau. La peste cessa le jour même.

Deux siècles et demi plus tard, *en 849*, un nouveau fléau menace la Ville éternelle : c'est l'invasion musulmane. Sous le pontificat de Sergius, les Sarrasins ont envahi Rome et pillé les basiliques de Saint-Pierre et de Saint-Paul. A peine monté sur le trône pontifical, Léon IV travaille à mettre la ville à l'abri de nouvelles incursions. Confiant dans le secours de saint Michel, il livre aux Musulmans une grande bataille, remporte sur eux une brillante victoire, et, plein de reconnaissance, élève au Vatican un temple à l'honneur du saint Archange.

Mais l'Italie n'est point, seule, favorisée des apparitions de saint Michel. La France a, elle aussi, ce touchant privilège. Le *14 novembre 709*, l'Archange apparaît à saint Aubert, douzième évêque d'Avranches. « Dieu veut, lui dit l'Esprit céleste, qu'on m'élève un temple, dans la mer, sur un rocher appelé la Tombe. » Le saint, qui veut être sûr de la vérité de la vision, n'obéit point sur-le-champ. Deux autres fois, saint Michel se montre à lui. A la troisième apparition, comme saint Aubert hésite encore, l'Archange lui appuie le doigt sur le front et y laisse une forte empreinte. On peut, de nos jours, la constater sur le crâne du Saint, relique insigne conservée dans l'église Saint-Gervais d'Avranches.

Saint Aubert a obéi, et, au milieu de l'Océan, la basilique de Saint-Michel se dresse, belle et majestueuse, sur son rocher inébranlable. Autour d'elle, bien souvent a grondé l'orage ; la tempête a sévi ; les flots se sont élancés avec fureur ; ils se sont brisés dans leur impuissance ; leur blanche écume a fait une couronne au roc invincible, et le monument est resté debout !

Cinq fois, le feu du ciel, dirigé par l'Esprit du mal, s'est abattu sur le mont. L'incendie a dévoré la ville et le monastère. Comme le phénix qui renaît de ses cendres, du sein des ruines qu'amoncellent les flammes, a surgi, chaque fois, un édifice plus beau, plus imposant, plus admirable !

Du VIe au IXe siècle, les farouches Normands portent partout, à travers la Neustrie, le ravage et la mort. A maintes reprises, ils s'efforcent d'escalader le mont Saint-Michel. Mais l'Archange est là qui veille... Non seulement il émousse les armes des Normands, mais il triomphe du cœur de leur chef. Le fier Rollon reçoit le baptême ; il devient le soldat du Christ, le serviteur de saint Michel. Le sanctuaire dédié au Prince des Anges est resté debout !

Les Anglais viennent ensuite. Pour s'emparer du mont Saint-Michel, ils emploient tour à tour la force des armes, la ruse, l'or même de la trahison. Vaines tentatives ! Une céleste puissance déjoue leurs calculs et brise leurs efforts. Le mont Saint-Michel demeure à la France, et son sanctuaire imprenable reste debout !

Il reste debout durant les guerres de religion. L'Archange ne permet pas que l'hérésie protestante souille le sol sacré dont il a la garde. Sa flamboyante épée repousse les attaques incessantes des Huguenots. Il fait plus, dit un pieux refrain de Normandie ; il touche le cœur du Béarnais : *Michel au roi porte la foi.* Henri IV se convertit. Le mont est à jamais délivré de ses agresseurs ! Le sanctuaire de l'Archange est resté debout !

N'est-ce point là, mes Frères, une vivante image de l'Église du Christ, dont saint Michel est le patron et le défenseur ?

Le divin Maître a dit au chef des Apôtres : « *Tu es Pierre, et, sur cette pierre, j'édifierai mon Église, et les portes de l'enfer ne prévaudront pas contre elle !* » Le Pape est désormais le roc inébranlable sur lequel repose l'Église de Jésus-Christ.

Aux premiers siècles de l'ère chrétienne, souffle le vent des persécutions. Dans cette tempête que déchaîne l'Enfer sont emportées des milliers de victimes ; le sang des martyrs coule à flots et rougit le sable des arènes. Mais ce sang versé est une semence féconde ! Dans cette rosée précieuse, l'Épouse du Christ puise une beauté et une vigueur nouvelles. Malgré la rage des persécuteurs, malgré les bûchers et le glaive, l'Église reste debout !

Les hérésies et les schismes s'élancent, tour à tour, à l'assaut de cette citadelle du Christ. Arius, Eutichès, Nestorius, Luther, Calvin, Henri VIII s'efforcent d'arracher quelques pierres à l'édifice sacré. Sur la brèche qu'a ouverte leur impudence, ils trouvent l'Archange invincible, défenseur de l'Église. Ils sont repoussés et vaincus par son bras puissant. Les pierres arrachées par leurs mains sacrilèges gisent, dispersées, depuis des siècles ; mais, cimentée par un sang divin, admirablement sculptée par le ciseau de l'épreuve, couronnée de ses vertus comme de créneaux formidables, l'Église catholique est toujours debout !

Les puissances de la terre ont beau s'acharner contre Elle ! L'Empire, en Allemagne, lutte contre le Sacerdoce. En France, d'orgueilleux monarques suppriment les immunités ecclésiastiques et s'efforcent d'asservir la Papauté. On soufflette le Vicaire de Jésus-Christ ; on le jette en prison ; il meurt en exil. Qu'importe ! Protégée par saint Michel, l'Église triomphe des empereurs allemands et des césars français. L'épée de l'Archange a lancé ses éclairs : les monarchies disparaissent ; les trônes s'effondrent ; les tyrans se couchent dans leur sépulcre ; ils dorment dans la poussière, et, sur leur tombe silencieuse, l'Église de Jésus-Christ, toujours jeune et forte, est restée debout !

Elle est toujours debout, noble et majestueuse, portant sur son front sans rides une impérissable beauté, défiant la rage impuissante de ses ennemis, confiante dans la parole de son divin Fondateur : *Je suis avec vous jusqu'à la consommation des siècles!* Mes Frères, en ce moment, saluons l'Église notre Mère, qui nous apparaît dans tout le rayonnement de sa puissance et de sa grandeur ! Saluons notre glorieux Pontife Léon XIII, roc inébranlable sur lequel repose aujourd'hui l'édifice fondé par le Christ ! Saluons l'archange saint Michel, défenseur de l'Église et de la Papauté ! Saluons-le par la prière même que le Pape met, chaque jour, sur nos lèvres : *Saint Michel archange, défendez-nous dans le combat; Soyez notre secours contre les embûches et la malice du démon : que Dieu lui commande; nous vous en supplions.*

Pour vous, Prince de la milice céleste, revêtu de la divine puissance, refoulez dans l'abîme Satan et les esprits mauvais qui parcourent le monde pour y perdre les âmes!

III

Saint Michel est le protecteur de la France.

A la fin de la lettre que le pape Anastase envoyait à Clovis après son baptême, on lit ces mots : « Daigne le Seigneur tout-puissant continuer d'accorder, à vous et à votre royaume, sa céleste protection ! Qu'Il ordonne à saint Michel et à ses anges de vous garder dans toutes vos voies et de vous donner la victoire sur tous vos ennemis (1). »

Par la bouche de son chef suprême, l'Église a parlé : Saint Michel a été établi par Dieu comme le protecteur et l'ange gardien de la France. Les princes et le peuple, dans les siècles qui nous ont précédés, l'ont toujours regardé comme tel, et lui, par son intervention miraculeuse, a souvent prouvé la mission dont Dieu l'a chargé envers la Fille aînée de l'Église.

Au VIIIe siècle, *en 732,* Abdérame, à la tête d'une multitude de Sarrasins, envahit la France. Rien ne peut résister à cette terrible invasion. C'en est fait de la civilisation chrétienne ! Mais saint Michel veille sur notre patrie ! Répondant à la prière de saint Ebbon, il arrête devant la ville de Sens la marche victorieuse des Musulmans. Il arme le bras de Charles Martel ; dans les plaines de

1. Labbe, t. IV, 1282.

Poitiers, ce guerrier vaillant écrase la puissance des Sarrasins et, par sa victoire, sauve la chrétienté tout entière.

Charlemagne est sensiblement protégé par l'Archange lorsqu'il combat contre la nation saxonne, la plus farouche des races germaines.

Au XVe siècle, quand la France agonise, selon l'expression du cardinal Pie, saint Michel se lève, et son action tutélaire se fait sentir d'une manière admirable.

Il apparaît à une pieuse bergère de Lorraine : *Je suis Michel,* lui dit-il, *le Protecteur de la France. Jeanne, sache qu'il y a grande pitié au royaume de France. Mais Dieu veut le sauver. Je viens du ciel pour préparer l'instrument de la délivrance.*

— « Et quel sera-t-il ? » dit Jeanne.

L'Archange regarde alors l'enfant et lui dit d'une voix forte : *C'est toi, fille de Dieu !... Pars ! va en France, il le faut.*

La pauvrette se met à trembler, puis à sangloter : « Je suis une pauvre fille, répond-elle, je ne sais ni monter à cheval ni faire la guerre. » Et l'Archange répète : *Pars, va en France, il le faut.*

Bien des obstacles, pourtant, se dressent devant Jeanne et s'opposent à son départ. Elle objecte son impuissance et sa faiblesse : « Non, dit-elle, jamais je ne pourrai accomplir cette trop difficile mission. » Les Voix deviennent plus puissantes et plus impérieuses : *Jeanne, fille de Dieu, va, va ! Va, Dieu te sera en aide !*

Elle part. Elle prend une épée, un étendard où sont tracés les noms de Jésus et de Marie, se met à la tête de nos soldats découragés, délivre Orléans, chasse les Anglais de partout, et fait, enfin, sacrer Charles VII à Reims ! La France que protège saint Michel est sauvée !

Reconnaissant envers le Prince des milices célestes, le roi Charles VII ordonne de peindre l'image de l'Archange sur ses étendards avec cette devise : *Voilà que saint Michel, un des premiers princes, vient à mon secours* (1). Sur les monnaies du temps, frappées à son effigie, on rétablit cette inscription qu'avaient effacée les Anglais : « *Sancte Michael, princeps et patrone Galliarum, ora pro nobis.*

Prince et protecteur de la France, saint Michel l'est toujours !

1. Dan., X, 13.

C'est au baptistère de Reims que Dieu lui a confié notre chère patrie, et, depuis 1.400 ans, il n'a point cessé de l'abriter sous ses ailes, de la couvrir de son bouclier, de la défendre contre ses ennemis. Il aime la France, et il la veut chrétienne, forte, respectée, victorieuse ! Il veut qu'elle soit toujours le chevalier du Christ, le vaillant champion de la vérité, la Fille aînée de l'Église ! Il veut que, conservant la foi de son baptême, elle retrouve ses gloires passées et reprenne, parmi les peuples, le premier rang dans le monde ! Il veut que son glorieux drapeau flotte et brille, à côté de la croix, sur toutes les plages de l'univers ! Il veut enfin que la nation dont le Ciel lui a commis la garde reste à jamais l'apôtre et le soldat de Dieu ! *Gesta Dei per Francos !*

Saint Michel aime la France, et il aime Paris qui en est le cœur !

C'est lui sans doute, Éminence, qui vous inspirait, il y a quelques quinze ans, la pieuse pensée de fonder les missions diocésaines : *Va, fils de Dieu, va !* vous disait-il. Confiant dans la divine Providence, vous avez obéi, et l'Œuvre, sortie de votre grande âme, croît aujourd'hui et prospère. Elle sera la joie, l'honneur, la consolation de votre vieillesse ; elle sera, dans les cieux, l'un des joyaux les plus brillants de votre immortelle couronne !

Va, fils de Dieu, va ! vous dit aussi l'Archange, cher et vénéré Pasteur de cette paroisse (1), *confiance, Dieu te sera en aide !* Et, disant ces mots, il touche, non pas votre front comme pour saint Aubert, mais votre cœur vaillant. C'est du cœur que viennent les grandes pensées ! « *Dieu veut*, dit l'Esprit céleste, *qu'on m'élève ici un sanctuaire qui sera pour Paris et pour la France un gage d'espérance et de salut, un foyer de grâces et de résurrection ! Va, fils de Dieu, va !* »

Mais Dieu n'est pas seulement glorifié dans les temples de pierre ; Il habite aussi dans les âmes. Il préfère même aux autres ces temples spirituels. Or, il est de ces sanctuaires, souillés et dévastés, dont hélas ! le Seigneur a été chassé ! Il faut qu'Il y rentre en maître et en triomphateur ! Et voilà la raison de la mission présente.

A chacun de vous, mes Frères, saint Michel redit : « *Va, fils de*

1. M. le chanoine Paguelle de Follenay.

Dieu, va ! Il y a grande pitié au royaume de France ! » Au cœur même du pays, il est des enfants qui grandissent sans baptême et sans première communion ; des malades qui sont privés des consolations célestes ; des mourants qui s'endorment sans le pardon divin. Il est des âmes, en grand nombre, qui ne songent pas à leur salut, à leur éternité ! *Va, fils de Dieu, va !* Plante la croix du Christ dans l'âme de ce père qui ne prati que plus ; dans l'âme de cette mère qui depuis longtemps néglige ses devoirs religieux ; dans l'âme de cet aïeul qui, un pied déjà dans la tombe, ne pense pas à ses fins dernières ! Travaille à la conversion des pécheurs ! Sois constant dans la prière et vaillant dans le sacrifice ! Dévoue-toi au salut des âmes : arrache-les au mal et à l'erreur, et, conquises à la vérité et au divin amour, jette-les, comme un trophée magnifique, aux pieds du Sauveur ! *Va, fils de Dieu, va !*

Céder, mes Frères, à de tels élans, répondre à cette angélique impulsion, ce sera vraiment soutenir la cause de Jésus-Christ et l'honneur de la sainte Église ; ce sera travailler efficacement à la gloire de Dieu, au bien de la société, à la grandeur et au relèvement de la Patrie !

Un trait de la vie de Jeanne d'Arc sera la conclusion de ce discours. Nous sommes au *7 mai 1429*. La Pucelle a déjà repris aux Anglais plusieurs bastilles autour d'Orléans. Il reste *les Tourelles*, la plus formidable de toutes. Le samedi matin 7, elle donne le signal de l'assaut. Après six heures de combat, les Français sont épuisés. Jeanne s'en aperçoit : elle s'avance, seule, au pied du rempart, applique une échelle et monte hardiment.

Un archer anglais la vise ; sa flèche lui traverse le cou de part en part, et elle tombe, baignée dans son sang.

Des chevaliers français, se faisant, à coups de hache, jour à travers l'ennemi, l'emportent, évanouie, loin du combat et la déposent sur l'herbe à quelque distance de là.

Lorsqu'elle revient à elle, elle entend Dunois qui donne l'ordre de sonner la retraite. Déjà les Français se retirent : « Non, non, leur dit-elle, en avant ! Je vous le promets au nom du Seigneur, vous entrerez dans *les Tourelles*. Quand vous verrez mon étendard flotter vers la bastille, reprenez vos armes, elle sera vôtre ! »

Elle-même alors arrache le trait de sa blessure, se jette à genoux, prie avec ferveur, et quand son écuyer lui crie : « La bannière touche ! » elle monte à cheval et, piquant des deux : « En avant ! s'écrie-t-elle, mes amis, en avant ! Tout est vôtre ! »

Elle escalade le retranchement et plante au sommet du rempart sa bannière triomphante. Quelques heures après, Jeanne, blessée mais victorieuse, rentrait avec Dunois dans Orléans délivrée, saluée par les acclamations de la multitude. Le lendemain, *dimanche 8 mai*, fête de l'Apparition de saint Michel, les Anglais levaient le siège.

Mes bien chers Frères, ce ne sont pas les bastilles anglaises que vous avez à emporter d'assaut : c'est le démon, c'est le monde, c'est votre propre nature que vous avez à combattre. En avant, pour Dieu, en avant ! Pas de faiblesse, pas de découragement, pas de défection devant l'ennemi ! Guerre impitoyable à Satan, guerre au péché, guerre à l'esprit du monde ! Gardez toujours votre âme sans souillure, éclatante de blancheur comme la bannière de Jeanne ! Gardez dans votre cœur l'amour de Jésus et de Marie ! Ces noms bénis étaient tracés sur l'étendard de la Pucelle, qu'ils soient gravés à jamais dans votre cœur ! , *Jhésus, Maria*, en avant ! Pour l'amour de Dieu, pour le salut de votre âme, pour la conquête du ciel, dont la bénédiction de Son Éminence va être, ici-bas, le gage ! Ainsi soit-il.

Paris. — J. Mersch. imp., 4bis, Av. de Châtillon.

9 782014 466485